PASSAGES INCRIMINÉS

DU

MÉMOIRE PRODUIT EN JUSTICE,

EN MAI 1824,

Par M. JEAN-FLEURY-NOEL MAUCHE,

Ex-Conseiller en la Cour royale d'Aix,
Doyen des anciens Administrateurs du département
des Bouches-du-Rhône.

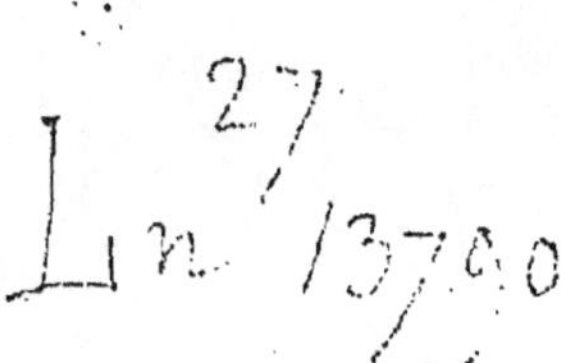

PASSAGES INCRIMINÉS

DU

MÉMOIRE PRODUIT EN JUSTICE,

EN MAI 1824,

PAR M. JEAN-FLEURY-NOEL MAUCHE,

Ex-Conseiller en la Cour royale d'Aix, Doyen des anciens
Administrateurs du département des Bouches-du-Rhône;

*Imprimé, à Marseille, à l'imprimerie du Commerce
d'Honoré Terrasson, Place-Royale, n°. 11, et
déposé au greffe du tribunal correctionnel d'Aix.*

« IL s'en trouve qui, par pusillanimité ou par une
» puérile ambition, ne sont dans leurs jugemens
» que les échos des sociétés qu'ils fréquentent, et,
» sans respect pour la vérité, vous disent grave-
» ment : Que pensera-t-on de moi si je juge autre-
» ment ?» (Paroles du chancelier de L'Hôpital, dans
le lit de justice tenu à Rouen, le 17 août 1563.)

On lit dans la *Nécrologie de M. le président
d'Éguilles,* insérée au *Journal des Débats* du 4 janvier 1824, le passage suivant :

« Rentré en France en 1800, le président d'É-
» guilles n'y trouva que l'infortune; sa noble et
» courageuse fille partagea avec lui quelques dé-

» bris des biens qu'elle avait sauvés de *ces mains*
» *d'où rien ne se sauvait*, et qu'elle ne dut qu'à
» l'intérêt qu'elle *arracha* à ceux qui allaient la
» condamner à mort pour s'être rendue coupable
» du délit d'avoir envoyé une faible somme d'ar-
» gent à son père expatrié. Peut-être la beauté
» seule de mademoiselle d'Éguilles attendrit-elle
» des cœurs *où la beauté de son ame* ne pouvait
» pénétrer. »

Le passage de la Nécrologie ci-dessus cité ren-
ferme en même temps calomnies, injures graves et
diffamatoires envers les anciens Administrateurs de
ce département, qui ont rendu, en faveur et au pro-
fit de mademoiselle de Boyer d'Éguilles, les deux ar-
rêtés suivans : l'un, du 18 fructidor an IV, qui la dé-
clare créancière de l'État pour un legs de 50,000
livres à elle fait par madame la marquise d'Éguilles
sa mère ; l'autre, du 16 vendémiaire an V, qui lui
désempare en paiement de ce legs les domaines de
Saint-Antoine-de-Seti et l'Hôtel.

Ces expressions, *quelques débris de biens qu'elle
avait sauvés de ces mains d'où rien ne se sauvait*,
sont calomnieuses, parce qu'il est de notoriété publique dans ce département que ses Administrateurs,
soit après le 13 vendémiaire an IV, soit après le 18
fructidor an V, telles que fussent la hauteur de leurs
opinions politiques, l'excessive libéralité de leurs
principes, et surtout la légitimité des représailles
qu'ils étaient, certes, bien fondés à exercer après les
plus horribles proscriptions, sous l'empire rigou-
reux des lois d'exception qui nous régissaient à ces
deux époques, n'ont usé de l'autorité presque illi-

mitée qui leur était confiée, que pour soustraire les personnes et les propriétés de leurs plus cruels ennemis à l'exécution de ces lois. Cédant à des sentimens d'humanité et de commisération, ils ont non seulement accordé, mais encore prodigué aux émigrés rentrés et aux familles de ceux qui n'avaient point encore quitté les terres étrangères les faveurs les plus inouies, alors inattendues, aujourd'hui reconnues si peu méritées. Elles sont injurieuses ces expressions, parce qu'elles blessent l'honneur et la réputation de ces Administrateurs; enfin, elles sont diffamatoires, parce qu'elles tendent à déverser sur eux le mépris et l'indignation publics.

Fût-il vrai que, fidèles aux promesses solennelles faites au peuple français et à son gouvernement (de faire exécuter les lois relatives à la vente des biens des émigrés), nous eussions ordonné, activé même cette vente, le blâme public de notre conduite à cet égard serait une injure, une diffamation que les tribunaux devraient réprimer, etc.

Une faction, ennemie irréconciliable de toute liberté publique, de toute égalité politique des citoyens devant la loi, excitant, pendant son séjour à l'étranger, entretenant avec le plus grand soin, depuis son retour en France, la haine et les dissensions entre les membres de la grande famille, et n'espérant de recouvrer qu'à l'aide de la plus affreuse anarchie ou du plus intolérable despotisme un pouvoir oppresseur et tyrannique, qu'elle n'avait pu ressaisir avec tout l'or corrupteur de Carthage et le fer soudoyé des barbares.

Le rédacteur de la Nécrologie ajoute : *Mademoi-*

selle d'Éguilles ne dut ces débris de biens qu'à l'intérêt qu'elle arracha à ceux qui allaient la condamner à mort pour s'être rendue coupable du délit d'avoir envoyé une faible somme d'argent à son père expatrié.

Ne saurait croire aux vertus celui qui ne les pratiqua jamais. Ces hommes, sans pitié pour le malheur, nourris dans les haines, altérés de vengeance pour des maux qu'ils n'ont point soufferts, ivres d'orgueil et d'ambition, avides de priviléges, d'honneurs et de richesses, tiendront leurs cœurs constamment fermés à tous sentimens de justice, d'équité et de modération. C'est cependant à ces sentimens seuls que mademoiselle d'Éguilles et ses nobles compagnons d'infortune ont dû la conservation des biens de leurs familles ; peut-être la justice comme la reconnaissance sont des vertus roturières que les gens comme il faut doivent se garder de pratiquer, s'ils ne veulent être assimilés à de vils plébéiens. Mademoiselle d'Éguilles a conservé non quelques débris de biens, mais les deux tiers au moins des biens de sa famille, elle en aurait recouvré la totalité, si une faible portion n'eût été aliénée avant notre entrée dans l'Administration. Elle nous est encore redevable (et, sur ce point, nous la dispensons de toute réminiscence, car c'est bien malgré nous) de l'honorable privilége dont elle et ses successeurs à la propriété des biens ont pleinement usé depuis vingt-huit ans, celui d'en retenir la possession , d'en percevoir les fruits sans se croire tenus d'acquitter les dettes qui les grevaient avant

la main—mise nationale, malgré l'augmentation que
la fortune de la maison d'Éguilles vient d'éprouver
par la survenance de l'opulente hérédité de madame
la marquise de Marignane, qui tenait aussi des
bontés de l'Administration la presque totalité des
biens de M. le marquis de Marignane son époux,
désemparés à compte de sa dot, et par le retour
dans les mains de M. d'Éguilles son fils aîné, des
biens nationalement vendus et rétrocédés par les ac-
quéreurs, rétrocession librement consentie en 1815
sous sa mairie et sous les verrous.......

Res judicata pro veritate tenetur;

enfin, par la cassation de la vente d'un domaine
important, sis à Marseille, faisant partie de la dot
de feue madame la marquise d'Éguilles, illégale-
ment consentie par feu son mari. *La mémoire pro-
digieuse de M. le président d'Éguilles fut deux fois
en défaut dans cette affaire, car l'époux oublia que
l'immeuble était dotal, et le magistrat qu'il était
inaliénable;* le malheureux acquéreur, après en
avoir payé le prix, fut contraint d'en délaisser la
propriété aux nobles enfans de M. le président, qui
la revendiquèrent, comme dotale, du vivant même
de leur père. Voilà la religion et l'honneur de cet
ancien magistrat et la délicatesse des sentimens de
sa famille, beau sujet d'éloges et bien digne d'un
panégyriste tel que M. le marquis d'Espinousse.

On doit remarquer dans quelle intention perfide
l'auteur de la Nécrologie (à l'œuvre on connaît
l'ouvrier) n'ayant point quitté le sol français pen-

dant la révolution, allié de la famille d'Éguilles, parfaitement instruit de tout ce qu'a sollicité et obtenu mademoiselle d'Éguilles depuis son retour de l'émigration, que l'Administration, soit dit en passant, voulut bien ignorer de sa détention à Marseille, de sa mise en liberté à Aix, confond sciemment les attributions des tribunaux avec celles des autorités civiles. En effet, d'après le littéré du passage ci-dessus cité, il faut croire que nous allions condamner à mort mademoiselle d'Éguilles, et que l'intérêt qu'elle nous arracha eut le double résultat de la soustraire à l'échafaud, sur lequel, et dans aucun temps, ni cette Administration en corps, ni aucun de ses membres en particulier, n'ont fait monter personne, mais duquel ils ont éloigné, souvent arraché tant d'illustres ingrats, et de lui restituer tous les biens de sa famille invendus.

Peut-être la beauté seule de mademoiselle d'Éguilles attendrit-elle des cœurs où la beauté de son ame ne pouvait pénétrer.

Si dans tous les temps le beau sexe eut droit à notre respect et à nos hommages, ses infortunes n'ont laissé place dans nos cœurs qu'aux sentimens du plus vif intérêt; elles ont constamment commandé la protection la plus spéciale : *Res sacra miser;* nul de nous ne fut insensible à la beauté de mademoiselle d'Eguilles : en nous la rappelant, quel que soit le talent de M. le marquis pour les portraits, il reste fort au dessous de son modèle ; mais l'intérêt bien vif qu'elle nous inspira n'eut d'autre motif que sa position bien pénible, et l'espoir, en conservant dans ses mains la fortune de sa famille, d'assurer le paiement des dettes énormes qui la grevaient, paiement *que la beauté de son ame* et la délicatesse ostensible de ses sentimens nous paraissaient garantir.

Que M. le marquis de Coriolis préconise l'honneur et la fidélité de la noblesse émigrée, rappelle complaisamment les sacrifices qu'elle fit à la cause de ses maîtres sans se mettre trop en peine d'examiner si plusieurs de ces émigrés ont pu perdre ce qu'ils n'ont jamais possédé ; qu'il élève jusqu'aux cieux son courage et ses hauts faits d'armes, toutefois, avec moins d'apparence de vérité dans ses pompeux éloges que le valet d'Amphytrion n'en mettait dans le simple récit des exploits du chef des Thébains, car Sosie sous la tente, pendant le combat, était à portée du champ de bataille, tandis que l'ex-citoyen Coriolis battait en toute sûreté le pavé de Paris, coiffé du bonnet rouge, hantait le club des Jacobins, quand les défenseurs immortels de notre existence politique en corps de nation et de l'intégrité de son territoire, sérieusement menacés par le trop fameux traité de Pilnitz, repoussaient loin de nos frontières, que la trahison seule avait un instant livrées à nos ennemis, les émigrés et l'étranger ; qu'il exalte son héroïque constance à supporter l'exil jusqu'au moment où elle obtint d'un gouvernement trop confiant en ses promesses fallacieuses , non pour prix de ses conquêtes sur la révolution , mais sous l'humiliation d'un décret d'amnistie , qu'elle accepta avec transport, et dont elle jura solennellement d'accomplir toutes les conditions, l'autorisation de revoir une patrie sur laquelle elle avait infructueusement appelé, depuis 1792, les armées étrangères.

Les actes ministériels sont-ils les décrets immuables de la Providence, qu'il faut subir avec résignation sans qu'ils puissent trouver des censeurs sur la terre? N'est-ce point assez de l'irresponsabilité pour ces agens supérieurs du pouvoir, faudra-t-il encore leur octroyer l'infaillibilité?

« *Il est cependant de toute justice que le chef suprême de l'État en soit informé, puisque tout se fait en son nom et qu'il en répond devant Dieu ; peu lui servira devant ce souverain juge de dire qu'il a ignoré les injustices qui se commettaient, puisqu'il était de son devoir de les connaître et de les réparer.* » (L'Hopital.)

Ni moi, ni mes anciens collègues, n'avons redouté l'examen le plus sévère de notre conduite et de nos mœurs comme magistrats. Jamais, dans nos mains, la balance de la justice n'a penché sous l'influence des circonstances politiques, ni des intérêts privés. Ce n'est point à nous que L'Hôpital aurait cru devoir faire entendre ces grandes et utiles vérités.

« *Vous pensez faire un acte méritoire en donnant gain de cause à celui que vous regardez comme le plus homme de bien et le meilleur chrétien, et ne prenez pas garde que vous êtes établi juge du pré et du champ, non de la croyance et des mœurs. Si vous ne vous sentez pas la force de commander à vos passions et d'aimer vos ennemis comme Dieu le commande, renoncez à une profession qui ne peut plus vous convenir.* »

Nous observerons à M. de Bourguet, émigré, qu'on ne doit qualifier de révolutionnaires que ceux qui ont dénoncé, poursuivi, dépouillé, jugé, condamné, livré aux fers des assassins leurs concitoyens pour des opinions ou des torts politiques. S'il peut citer un seul cas de cette nature dans ma vie publique ou privée, j'accepte le titre de révolutionnaire. Je fus, suis et serai toujours patriote, libéral, ces mots sont synonymes : voilà les titres dont je m'honore et que je porterai jusqu'à la mort. Les voleurs et les assassins ne sont ni patriotes ni libéraux ; défenseurs de nos droits constitutionnels, nous les repoussons avec horreur de nos rangs. Les fauteurs du despotisme seraient-ils plus indulgens ? les admettraient-ils dans leur sein ?

Quoi ! je serai révolutionnaire, parce que, depuis 89, toujours opposé aux excès de la révolution et souvent sa victime, je n'aurais voulu partager ni les erreurs ni les crimes de la contre-révolution ! M. le maire d'Aix entend-il remettre en vigueur cette maxime : Qui n'est point pour moi est contre moi ? Affreux principe qui servit de prétexte aux persécutions cruelles qu'ont essuyées tous les Français amis de l'ordre et de la paix publique, proscrits comme *modérés*.

Faut-il, pour n'être point traité de révolutionnaire, renonçant à tout sentiment de justice et d'humanité, avoir excité le zèle féroce de ces monstres qui ont récemment couvert de sang et de deuil plusieurs communes de nos départemens méridionaux ; avoir excité, soudoyé ces bourreaux, dont plusieurs ont tour à tour déshonoré la révolution par leurs excès, et la contre-révolution par leurs crimes ?

Faut-il, abjurant tout sentiment d'honneur et de dignité nationale, n'avoir point éprouvé la plus profonde douleur et la plus vive indignation, à la vue de ces étendards étrangers flottans sur les murs de la capitale, quand l'aigle féroce de la Newa déchirait de ses serres cruelles le sein de la patrie, le léopard de la fière Albion foulait les lis flétris et humiliés, et l'arrière-petit-fils du marquis de Brandebourg braquait insolemment ses canons sur le palais de Charlemagne, de Philippe-Auguste et de l'immortel Béarnais ?

Pendant cette longue et terrible lutte entre les priviléges et nos libertés, vainqueur, je fus toujours assez généreux, assez confiant pour faire grace ; vaincu, jamais assez lâche pour la demander : *Le patriote meurt, il ne se rend pas.*

Coblentz n'a point vaincu la France. Depuis 1789 jusqu'en 1814, ses intrigues, ses conspirations, aussi mal habilement conçues que lâchement exécutées, ont prolongé et nécessité l'émission des lois les plus rigoureuses. Depuis 1814, ses prétentions, aussi ridicules que criminelles, à un nouvel ordre de choses, autre que celui établi par la Charte, auraient rallumé en France les feux mal éteints de nos funestes discordes, et ramené les armées étrangères, si la plus haute sagesse et la plus habile politique n'avaient jusqu'à ce jour déjoué ses projets criminels, coupé le fil de ses trames occultes et séditieuses, que la justice la moins sévère devrait punir, si la plus inconcevable clémence ne les pardonnait.

La noblesse, émigrée avant le 21 janvier 1793, dut quitter la France pour se soustraire à la proscription ; il eût été sans doute plus glorieux pour elle de mourir sur les marches du trône. Cet acte de grande prudence le laissa sans défense. La crainte de tomber sous le fer révolutionnaire peut seule excuser cette fuite à l'étranger ; enlevez à cette classe d'émigrés un motif aussi puissant de quitter sa patrie, sa fuite ne sera plus qu'un acte de la plus insigne lâcheté, ou la plus coupable félonie. L'émigration armée n'a pu, si toutefois elle l'a voulu, défendre Louis XVI. *Le peuple seul a reconquis sur la révolution et l'empire la monarchie et les Bourbons, lui seul peut défendre ou détruire son ouvrage. Mais n'oublions jamais qu'extrême dans ses affections comme dans ses haines, implacable dans son courroux, il porte aujourd'hui en triomphe au Capitole celui qu'il peut traîner demain à la roche Tarpéienne.*

Les chefs incorrigibles de la contre-révolution, ces éternels ennemis du trône et du peuple, n'ont changé ni de système ni de conduite. Laissant à leurs sicaires le meurtre et le pillage, ils se réservent, sans partage, avec la scandaleuse dilapidation des deniers publics (l'arme des lâches), l'odieuse calomnie ; elle sert à provoquer le crime avant son exécution, pour le faire excuser après qu'il est consommé, surprend la religion du pouvoir pour légitimer les actes les plus injustes et les plus arbitraires, et arrête, dans la main du ministre de la loi, son glaive prêt à frapper le coupable. Assassinez, mais ne calomniez pas, dirons-nous avec l'un des plus honorables membres de l'opposition.

Fils du dernier procureur du Roi au siége de Ta-
rascon, ancien député à l'assemblée législative, pe-
tit-fils, arrière-petit-fils de deux négocians géné-
ralement estimés pendant un siècle de travaux et de
probité dans le commerce, membre du haut-tiers,
ma position sociale, mon ancienne fortune me pla-
çaient au premier rang des défenseurs de nos libertés. J'ai, pour le soutien d'une si noble, d'une
si juste cause, combattu avec courage, souffert
cruellement, souffert avec constance et résignation,
je ne saurais, sans *infamie*, déserter un poste aussi
honorable, quelque périlleux qu'il puisse être. J'o-
béis aux lois et à *un gouvernement constitutionnel.*
Peut-être, étranger que je fus au gouvernement révolutionnaire, ayant cessé volontairement l'exercice des fonctions publiques en septembre 1793,
pour ne les reprendre qu'après le 13 vendémiaire
an IV; forcé de chercher un asile dans Paris, avant
le 9 thermidor, me serait-il permis, en rejetant sur
la force des circonstances extrêmement critiques la
nécessité de fournir quelques gages à la révolution,
de protester qu'en servant le gouvernement de la
république je n'en conservais pas moins, dans le *for
intérieur*, un attachement sincère et inaltérable à
l'ancienne dynastie de nos rois.

Non, Messieurs, je ne puis consentir une pareille
apostasie, le gouvernement des Bourbons fût-il si
mal avisé que de croire à de pareilles conversions
(ce qui pourtant pourrait être appuyé sur de nom-
breux exemples), je ne saurais, par une pareille
bassesse, déverser sur moi et ma famille la honte et
le mépris qui couvrent ces anciens Spartiates français, s'efforçant, en vain, de cacher sous cet amas

ridicule des hochets de l'orgueil et des oripeaux de la vanité, la brillante livrée de Napoléon et les sales haillons du sans-culotisme.

(Extrait du Mémoire présenté au Conseil municipal d'Aix, le 1ᵉʳ. mai 1823, imprimé à Paris, en 1823, chez Giraudet, rue Saint-Honoré, n°. 315.)

Nous rappellerons à ces ardens provocateurs des lois d'exception, qu'avant de remplir le bien pénible devoir de les appliquer, le magistrat a sa conscience à consulter; que la dignité et la noble indépendance du ministre de la loi ne sont point la servilité et l'obéissance commandées à l'agent du pouvoir; que les augustes prérogatives de la Couronne, les longues et cruelles infortunes de l'émigration, la proscription des citoyens pour des opinions politiques ne doivent point être légèrement mises en avant pour étayer les misérables querelles d'intérêt ou d'amour-propre d'un hobereau ou d'un méchant bourgeois de village.

Nous dirons que l'outrage à la dignité et à l'inviolabilité royale, la haine et le mépris des citoyens contre la noblesse et les émigrés figurent dans cette cause avec autant d'avantage, sont amenés avec autant de discernement que le soleil et la lune que l'éloquent portier de Dandin faisait si judicieusement intervenir pour donner de l'éclat à une méchante affaire de *basse-cour.*

« Puissans du jour, vous qu'une auguste volonté
» place au faîte du pouvoir et des grandeurs, avez-

» vous donc oublié qu'à chaque instant elle peut
» vous en faire décheoir? Enivrés d'un triomphe
» aussi inattendu que peu contesté, vous entonnez,
» sans avoir seulement combattu, l'hymne de la
» Victoire. Ridicules imitateurs de ce farouche Gau-
» lois, vous faites entendre aux malheureuses vic-
» times de l'arbitraire le trop fameux *væ victis*
» que Brennus adressait aux Romains; du moins
» ce barbare avait vaincu quand il viola la foi pro-
» mise, son glaive posé dans la balance était
» encore teint du sang de ses ennemis.

» Ministres du Roi, premiers dépositaires de son
» autorité souveraine, voulez-vous faire respecter
» son gouvernement? que tous les actes de votre
» administration soient frappés au coin de la jus-
» tice; point de dispositions arbitraires, ni dans
» nos lois ni dans vos décisions; qu'une sage équité
» modère dans toute circonstance la rigueur, rare-
» ment nécessaire, mais toujours oppressive, des
» mesures d'exception au droit commun; libres de
» refuser les emplois, les graces, les faveurs, vous
» ne l'êtes point d'ajourner ou de dénier l'acquit
» de la dette la plus sacrée des rois envers les peu-
» ples, la dispensation de la justice. »

(*Passages extraits d'une brochure publiée en*
1824, *ayant pour titre :* Sur l'exécution de la
loi d'indemnité dans l'intérêt de l'État et des
eréanciers des émigrés, *imprimée chez H. Gau-*
dibert, à Aix, et déposée aux archives de la
sous-préfecture.)

PLACET au Roi en août 1823.

« SIRE ,

» Aussi long-temps que des hommes ennemis nés
» des libertés publiques , dépositaires exclusifs du
» souverain pouvoir, jouiront de l'affreux privilége
» d'interdire à la vérité l'accès du trône ; qu'à
» l'aide des plus odieuses calomnies , ils présente-
» ront à V. M. comme suspecte l'obéissance que
» nous devons aux lois et aux ordres du chef su-
» prême de l'État, non seulement nos droits publics,
» *assurés* par la Charte, seront méconnus , mais
» encore victimes spécialement désignées à l'arbi-
» traire effrayant des mesures d'exception, nos for-
» tunes, nos vies, notre honneur même seront à la
» merci de ces cruels ennemis du repos et du bon-
» heur de la France.

» Sire , si l'intrigue et le mensonge peuvent par-
» venir à surprendre la religion du monarque le
» plus éclairé de son siècle ; si elle considère comme
» ennemis de son autorité des sujets fidèles qui
» n'élèvent des plaintes que contre l'abus qu'en
» ont fait ses premiers agens ; si le cœur de V. M.
» est fermé sans retour à cette *immense majorité*
» de Français connus sous la dénomination d'an-
» ciens patriotes ou de libéraux, que sa justice du
» moins leur reste.

» Le chancelier Olivier, plaidant la cause du roi
» de Navarre et de ses partisans contre ces *préten-*
» *dus défenseurs de l'autel et du trône,* disait à

» la reine Catherine de Médicis : Madame, que
» V. M. ne leur fasse point de grace, mais qu'elle
» ne leur refuse jamais justice.

» Ce sévère mais sage et politique avis fut re-
» poussé des conseillers de Charles IX. L'histoire
» trace en caractères de sang les suites funestes de
» ce refus; elle nous apprend que le dernier des
» Valois, trop tard revenu de son égarement, paya
» de la perte du trône et de la vie sa tardive sépa-
» ration de la ligue, et que l'immortel Béarnais ne
» put se soustraire à sa rage homicide. En vain il
» pardonna, le bras parricide d'un exécrable li-
» gueur ravit à la France le plus grand, le meil-
» leur de ses rois, à l'Europe le plus vaillant de ses
» capitaines.

» Louis XII, cédant aux impulsions d'une clé-
» mence presque divine autant qu'aux salutaires
» conseils d'une sage politique, oublia les injures
» faites au duc d'Orléans, eût-il toléré, ce bon roi,
» ce véritable père du peuple, que sous ses yeux les
» premiers dépositaires de son autorité souveraine
» n'en eussent usé que pour faire des malheureux
» et des mécontens ? »

(Ce Placet est joint à un Mémoire ayant pour
titre : Dernières Observations pour J.-F.-N.
Mauche, ancien conseiller en le cour royale
d'Aix, *imprimé, dans le mois d'août* 1823,
à Paris, chez Giraudet, rue Saint-Honoré,
n°. 315, et déposé.)

Par jugement du mois d'août 1824, rendu par

le tribunal correctionnel séant à Aix, le sieur Mauche fut condamné à quinze jours d'emprisonnement et à 3oo francs d'amende ; appel *à minima* de M. le procureur du Roi, qui précéda celui qui fut émis par le condamné.

Le 8 novembre, la cour royale d'Aix réforme ce jugement, et renvoie le sieur Mauche de la plainte portée contre lui, sur le motif «que les passages in- » criminés n'étaient point articulés dans la cita- » tion. »

Jean-Fleury-Noël Mauche, doyen des anciens Administrateurs du département des Bouches-du-Rhône, ex - conseiller en la cour royale d'Aix, membre de la Légion-d'Honneur,

A ses anciens administrés.

Mes chers concitoyens,

La popularité qui nous a constamment entouré dans notre longue carrière politique, habitans d'Aix ; l'honorable confiance que vous m'avez accordée ont été mon seul appui dans des temps bien difficiles, ils m'ont donné ce courage civil qui m'a fait surmonter tous les obstacles, braver tous les périls pour assurer l'empire des lois protectrices de vos personnes, de vos propriétés et de vos industries. Un funeste événement m'éloigne à jamais de vous, je n'ai point cessé d'être père en cessant, hélas ! trop tôt, d'être époux. La justice que je n'ai cessé de rendre à l'esprit d'ordre et de paix publique qui vous a toujours distingués m'ont attiré de dures et cruelles persécutions, je les ai supportées avec courage, souffertes avec résignation. Les marques d'estime que vous m'avez témoignées sont la plus grande consolation des maux que j'ai soufferts et depuis long-temps oubliés. Cette popularité, cette estime publique que je suis aussi fier de posséder que jaloux de conserver m'imposent l'obligation de vous déclarer que je suis étranger, que je n'ai contribué d'aucune manière aux nouvelles nominations faites dans vos administrations civiles et judiciaires. Pour avoir effectué en aussi peu de temps cet étrange remue-ménage politique, il a fallu, aux électeurs et aux élus, patriotisme éprouvé et parfait désintéressement. Je laisse à votre sagacité, exercée par tant de mutations opérées depuis quarante ans, à décider si ces deux conditions sont remplies. Vous savez que, dans ma vie publique ainsi que dans ma vie privée, je n'ai apporté dans mes actions, comme dans mes paroles, ni réticence, ni arrière-pensée; depuis 1789 je professe des principes politiques qui furent long-temps, mais ne sont plus aujourd'hui ceux de la majorité d'entre vous ; vous ne m'avez point fait un crime de les avouer et de les manifester, mais en retour j'ai respecté et fait respecter les vôtres. La force comprime, mais ne change point l'opinion, elle acquiert une nouvelle vigueur quand elle cesse d'être contrainte. Les baïonnettes sont de rudes, mais impuissans précepteurs ; le danger de les employer, hors le cas de légitime défense ou de force à prêter aux lois, est trop évidemment démontré à toutes les époques désastreuses de notre révolution, pour qu'il soit nécessaire de le signaler aujourd'hui. Vous dirai-je, mes chers concitoyens, toute ma pensée? J'ai tout lieu de craindre que les changemens opérés en France par suite des événemens de juillet ne vous laissent des regrets sur le passé, et ne vous inspirent des craintes pour l'avenir. Si telle est votre opinion, je la respecte. La consolidation de ce gouvernement nouveau, l'extension de nos libertés publiques jusqu'au point où leur développement illimité pourrait nuire aux intérêts généraux de la société, et compromettre la paix publique ; le temps, surtout, qui fait naître tant de sages réflexions, calme tant d'irritations, met un terme à tant de regrets inutiles, fait oublier tant de maux irréparables, vous fera, à coup sûr, renoncer à une opposition au nouvel ordre de choses, que ni vous ni moi ne pouvions ni prévoir ni empêcher. C'est en vain que des hommes toujours intéressés à faire valoir leurs services prétendraient présenter cette opposition tacite comme une marque d'hostilité, le Gouvernement connaît votre sagesse, votre modération ; et si malheureusement l'ordre public était sérieusement menacé ou troublé, ce n'est point dans vos rangs, propriétaires et industriels, premiers défenseurs obligés de la sûreté publique si fortement intéressés à son maintien, qu'il devra chercher les coupables agitateurs. L'impôt sur la boisson sera réduit, dit-on, l'exercice supprimé : nous aurions tous bien vivement désiré qu'il fût entièrement aboli. Bientôt le droit d'élire vos administrateurs vous sera non octroyé, mais rendu, puisque nous en jouissions avant la révolution; l'exercice de ce droit précieux vous mettra à même de placer à la tête de vos affaires des citoyens dignes de votre confiance, qui porteront l'ordre et l'économie dans l'emploi des deniers publics, soit par la suppression d'emplois inutiles, soit par l'abaissement du salaire de ceux qu'il est indispensable de conserver. Ayez donc, mes chers concitoyens, confiance dans le nouveau gouvernement. Le duc d'Orléans est un honnête homme : bon père, bon époux, bon citoyen, sage économe de sa fortune, quel est celui d'entre vous qui ne tiendrait à honneur de lui ressembler? Il jouit, à juste titre, de l'estime générale. Ralliez-vous à lui, si ce n'est par amour ou dévoûment, que ce soit du moins pour l'intérêt général. N'oubliez point surtout que l'obéissance aux lois qui garantissent les intérêts généraux est un devoir que la société a droit d'imposer à tous ses membres, qu'elle est troublée quand quelques uns s'en écartent, et peut se dissoudre au milieu du trouble et de la désolation quand le plus grand nombre la méconnaît. Fonctionnaires nouveaux, fermeté, mais modération dans l'exercice du pouvoir; contenez, mais point de compression; surveillez sans inquisition, réprimez sans vexation, la force est un mauvais moyen de persuasion. Jaloux de faire ressortir votre administration, gardez-vous de blâmer celle de vos prédécesseurs, surtout si elle a l'assentiment public; vous jugez aujourd'hui, demain vous pouvez l'être : *Alteri ne feceris quod tibi fieri non vis.* N'oubliez jamais que la conscience de l'honnête homme est le seul juge des actions qui ne tombent point dans le domaine de la loi. Respect à la religion de nos pères, considération à ses ministres, conservation des signes extérieurs du culte ; distinguez avec le plus grand soin le prêtre du citoyen ; sachez que ce qui vous paraît un délit dans l'un peut n'être que l'acquit d'un devoir sacré de conscience dans l'autre et que Dieu seul en est le juge.

Point de récriminations, point de reproches, sacrifice généreux de toutes les opinions individuelles, de toutes les exigences personnelles à l'intérêt de tous ; l'ordre et la paix publique puissent-ils toujours régner parmi vous !

« In rebus acerbis
» Acrius advertant animos ad religionem. »

MAUCHE.

Imprimerie de Mme. Huzard (née Vallat la Chapelle), Rue de l'Éperon, n°. 7. (Octobre 1830.)